Taptue Micky Legrand

6 éléments pour triompher et atteindre son but avec Christ

Taptue Micky Legrand

6 éléments pour triompher et atteindre son but avec Christ

1 condition 5 compléments

Éditions Croix du Salut

Imprint
Any brand names and product names mentioned in this book are subject to trademark, brand or patent protection and are trademarks or registered trademarks of their respective holders. The use of brand names, product names, common names, trade names, product descriptions etc. even without a particular marking in this work is in no way to be construed to mean that such names may be regarded as unrestricted in respect of trademark and brand protection legislation and could thus be used by anyone.

Cover image: www.ingimage.com

Publisher:
Éditions Croix du Salut
is a trademark of
International Book Market Service Ltd., member of OmniScriptum Publishing Group
17 Meldrum Street, Beau Bassin 71504, Mauritius

Printed at: see last page
ISBN: 978-613-7-36697-4

DEDICACE

Par les lettres de ce livre, je rends un grand hommage et une sincère honorabilité à tous ceux-là, tous mes biens aimés frères et sœurs en Christ de par le monde entier qui sont fidèles au Seigneur JESUS-CHRIST, qui glorifient, adorent en Esprit et en vérité le seul vrai Dieu Jésus-Christ de Nazareth et qui, par leur marche Chrétienne rendent un bon témoignage à notre Seigneur JESUS.

De même je dédie ce chef d'œuvre à tous les enfants et membres de l'église la **MAISON DE PRIERE** (situé derrière la prison, Libreville-Gabon).

Au Pasteur Charly KAMZOLES mon bien-aimé père spirituel qui est un modèle et un exemple dans la foi.

A Dieu soit la Gloire, celui qui est, qui était et qui vient. A lui l'honneur, la louange, la gloire et le règne pour les Siècles et des Siècles AMEN !

PREFACE

06 éléments pour triompher et atteindre son but avec Christ énumère **des éléments** importants à détenir pour parvenir à atteindre son but fixé avec Christ et **parmi ces éléments, nous avons une condition primordiale qui est irrépréhensible, incontestable et inévitable.** Cette œuvre enseigne et édifie sur le moyen de triompher avec Christ, elle instruit aussi sur les attitudes et les aptitudes à adopter. Ceux-ci sont autant **nécessaires** que la condition.

6 élément pour triompher et atteindre son but avec Christ conduit le Chrétien légitime c'est-à-dire le ''**né de nouveau**'' à la concrétisation de l'abstrait. Mettant ainsi en valeur le potentiel encré en lui par le Saint Esprit, ce potentiel est acquis par le moyen de la ''**nouvelle naissance**''. Ces éléments sont effectifs pour toutes personnes ayant crues et ayant données leurs vies au Seigneur JESUS.

Ces éléments sont plus flagrants chez les enfants légitimes notamment ceux jouissant du **baptême d'eau** selon **1Piere3 :21** et **le baptême du Saint Esprit.** Ces deux nécessités de la ''**nouvelle naissance**'' **Jean3 :3-5** sont très importantes, Car ce sont elles qui nous rendent légitimement enfant de Dieu « **Né de Nouveau** » Ceci dit, l'enfant jouira de tout le privilège qu'a l'alliance nouvelle et éternelle établie par notre Seigneur et Sauveur JESUS-CHRIST.

Ce manuel aidera les personnes optimistes désirant parvenir à leur but fixé. De même, les instructions rédigées dans ce livre peuvent être appliquées dans plusieurs domaines de la vie du croyant.

Les versets Bibliques utilisés dans ce livre sont de la version Louis Segond, 1910.

INTRODUCTION

Le but est un ensemble de déclarations, issues d'une ou plusieurs idées. Fixes toi un but et que cela soit l'objet de ton investissement, portes le en toi. Investis toi sur le but que tu t'es établi, le but visé doit être claire dans l'esprit de celui qui veut y aboutir. Nombreux sont ceux-là qui n'atteignent pas leur but car celui-ci est divagué, instable et imperceptible dans leur esprit. L'esprit doit pouvoir entrevoir de manière claire le but à atteindre, le but visé doit être ressassé et repassé de manière constante au point d'atteindre une perception visuelle.

Le but étant perçu par l'esprit de manière concrète bien qu'il soit encore abstrait, te poussera à le manifester pour le mener à l'existence : car toute chose commence au préalable dans l'invisible avant de se manifester dans le visible, de même, la création eu commencé dans l'invisible. La création n'a fait qu'être la manifestation palpable de ce qui était déjà préétabli dans l'invisible. Il est dit qu'au commencement tout fut créé par la Parole de Dieu **Jean1:3** or, la Parole étant Esprit et vie **Jean4 :24**. Ceci dit, Dieu prit de ce qui était invisible vue que l'Esprit est invisible, il a pris l'invisible pour créer le visible. En outre la parole étant Dieu et Dieu étant aussi Esprit ; **Jean1:1**, **Jean4 :24** par conséquent Dieu étant invisible **Col1 :15,** Il s'est servi de lui-même pour créer ce qu'il désirait. Donc si tu as un but à atteindre, conçois le d'abord en toi, rends le stable dans ton esprit et perceptible par ton esprit car c'est dans l'invisible de ton homme intérieur que tout se passe. Lorsque l'invisible est déjà bien statué la réalisation dans le visible n'est qu'une évidence.

As-tu un but à atteindre ? Imagines en toi une image claire et représentative de ce que tu veux atteindre. Moïse avait un but à atteindre, celui de faire sortir le peuple d'Israël d'Egypte mais en lui il s'est fait une vision, ce qui lui a permis d'atteindre son but ; ayant cette vision en lui, Moïse voyait bien plus loin que le présent qu'il vivait c'est pour cela qu'il est dit dans le livre de **Hébreux au chapitre 11 du verset 25 au 27** « *... aimant mieux être maltraité avec le peuple de Dieu que d'avoir pour un temps la jouissance du péché,* ***regardant l'opprobre de Christ*** *comme une richesse plus grande que les trésors l'Egypte, car il avait* ***les yeux fixés sur la rémunération****.[...] car il se montra ferme,* ***comme voyant celui qui est invisible »*** Moïse ne concevait ni ne voyait ces choses avec ses yeux charnels, il les voyait avec son esprit, avec ses yeux spirituels.

Pour bien mener à terme un but ou une vision cela ne se fait pas sans douleur il y'a un prix à payer ; le prix à payer peut être dans les choix et les décisions que tu prendras ; le prix à payer peut être les problèmes ou les tribulations que tu rencontreras. Sans aucun doute il y aura des embûches sur ton chemin. Car le bon chemin tracé par JESUS et qui mène à la gloire est étroit raison pour laquelle il a dit: **« large et spacieux est le chemin qui mène à la perdition petit et étroit celui qui conduit à la vie ...»**

Pour triompher et atteindre son but avec CHRIST le moyen le plus évident est pour nous une condition préalablement importante, et fondamentale qui est **le moyen** de la ***connaissance de la Vérité*** à celui-ci. Et cinq compléments y sont associés, définis par **les attitudes** et **les aptitudes** aussi importantes. Ces éléments, c'est-à-dire les **six éléments pour triompher et atteindre son but avec Christ** seront énoncés et développés dans la suite de ce manuel, ceux-ci t'aideront à parvenir au triomphe du désir de ton cœur.

Le moyen pour atteindre son but,

La condition :

La connaissance de la Vérité

Un homme pouvait dire un jour :

*« Je **sais** en qui j'ai cru, et je suis **persuadé**... » 2Timothée1 :12.*

Combien sommes nous qui pouvons le déclarer ainsi ?

Connais LE DIEU EN QUI TU AS CRU,

Connais l'Eternel ton DIEU par

JESUS-CHRIST

Sa Parole.

Nombreux sont ceux-là qui, pensent que pour atteindre un but il faut impérativement beaucoup de moyen ou un statut imposant pour faire valoir ce qu'ils sont ou ce qu'ils ont. Observons un instant les nombres cardinaux on va de zéro à neuf et pour atteindre dix on prend zéro qui est le plus petit et plus insignifiant on l'associe à un et l'accord de ces deux chiffres devient plus grand que neuf. De même, si nous prenons toujours ce même zéro que nous l'associons cette fois-ci à deux nous obtenons vingt qui, lui aussi devient supérieur à neuf et même deux fois plus que neuf. Ceci observé on se rend compte que zéro qui est égale à rien a été valorisé et c'est sa valeur qui rend un plus supérieur que huit et même plus supérieur que neuf. Zéro ne s'est pas contenté qu'il ne valait rien bien qu'il n'est rien mais, il s'est valorisé en se comportant comme associé de celui qui a quelque chose. Maintenant, il devient indispensable pour celui-ci. Donc si tu penses avoir zéro ne néglige pas le zéro que tu as car on donnera à celui qui a, et il sera dans l'abondance, ***mais à celui qui n'a pas on ôtera même ce qu'il a*** **Matthieu 25 :29.** Donc celui qui dit ne rien avoir, a quelque chose qu'il refuse de valoriser, à cet effet il perdra cela. Christ par sa mort et sa résurrection nous donne la capacité de valoriser ce que nous avons pour devenir des héros. Il faut avoir la connaissance de la Vérité pour comprendre que si tu veux, tu peux valoriser le zéro qu'on prétend que tu es ou que tu prétends avoir, tu peux valoriser cela et devenir un héros.

Pierre lui dit: Je n'ai ni argent, ni or; mais ce que j'ai, je te le donne: au nom de JESUS-CHRIST de Nazareth, lève-toi et marche. **Actes 3 :6** Pierre a valorisé ce qu'il avait, il l'a fait au nom de *JESUS-CHRIST.* Qu'est-ce qu'il avait ? N'est-il pas devenu un héro ? Et toi qu'est-ce que tu as ?

N'est-il pas dit *« Mais dans toutes ces choses nous sommes plus que vainqueurs par celui qui nous a aimés»* ? **Romains8 :37** n'oublie pas ceci nous ne combattons pas pour la victoire mais nous combattons dans la victoire.

JESUS a tout payé à la croix de Golgotha et au moment où il devait rendre l'esprit il dit : ***«tout est accompli »*** **Jean19 : 30**. L'accomplissement d'une réalité nouvelle et d'une vérité éternel ; par sa mort et sa résurrection CHRIST nous permet d'entrer en possession de notre héritage autre fois embrigadé par l'ennemie. Par sa mort et sa résurrection EMMANUEL a créée et a déployé en nous un dépôt. La mise en valeur et le déploiement de ce dépôt se fait par le Saint Esprit au moyen de sa parole. En chacun d'entre nous qui avons confessés et témoignés Christ comme Seigneur et Sauveur, en nous ce dépôt a été créé, un talent, un don nous a été attribué, certains en ont reçu un, d'autres deux, d'autres trois voire quatre ou cinq. Certains encore ont reçut plus **Matthieu25 :14-15.** Nombreux sont ceux-là qui ne savent pas valoriser le potentiel qu'ils ont ou le talent qui leur a été attribué raison pour laquelle on retrouvera des personnes envieuses d'autres et qui déprimes sur leur propre personne, qui n'ont pas confiance en eux.

Par ailleurs, une personne qui manque de confiance en elle et qui a des doutes en elle, ceci est généralement dû à une incohésion entre ce qui est vraie d'elle et ce que la réalité défini d'elle en la présentant la fiction de la vérité. N'oublies pas que '' la vérité ne dépend pas de la réalité et que tout ce qui est réel n'est pas forcément vrai''. Beaucoup se focalisent sur la réalité et négligent l'impact et la puissance de la connaissance de la vérité **Jean8 :32** Dit : « *vous connaîtrez la vérité, et la vérité vous affranchira.*» Ceci dit ce n'est pas seulement la vérité qui rend libre mais **la connaissance** de la vérité raison pour laquelle l'Eternel déclare : ***« mon peuple périt par ce qu'il lui manque la connaissance »*****Osée 4 :6.** Non par manque de puissance ni par manque de vérité mais il périt par manque de **connaissance**, or la connaissance donne l'aptitude de mettre en application les valeurs reçues de la vérité. La communion entre ces deux expressions notamment celle entre la connaissance et la vérité est très importante car si tu as l'un sans l'autre il est fort probable que tu passes à côté du but.

C'est donc à cet effet qu'un vieil homme, un patriarche, un héros de la foi appelé David lorsqu'il senti sa mort proche, Il fit venir son fils il lui parla sans remord, et lui dit : « *je m'en vais par le chemin de toute la terre.* ***Connais*** *le Dieu de ton Père* ***1Rois2 :1-2*** *;* ***1Chroniques 28 :9***. *Sers-le d'un cœur dévoué et d'une âme bien disposée. Car l'Eternel sonde tous les cœurs et pénètre tous les desseins et toutes les pensées.* » Ajouta-t-il. Ce vieillard compléta ses propos en disant : « *si tu le cherches, il se laissera trouver par toi ; mais si tu l'abandonnes, il te rejettera pour toujours*». **1Chroniques 28 :9.** De ces propos-là, il interpela encore son fils ; lui parla cette fois-ci d'une manière plus explicite et plus impérative en lui disant : « *observes les commandements de l'Eternel, ton Dieu, en marchant dans ses voies et en gardant ses lois, ses ordonnances, ses jugements, et ses préceptes, selon ce qui est écrit dans sa loi, Afin que tu réussisses dans tout ce que tu feras, et partout où tu te trouveras.* » **1Rois 2 :3**. Donc ce petit récit entre David et Salomon son fils démontre l'importance de connaitre Dieu. Nous savons tous que les dernières paroles et la dernière volonté d'un défunt sont très importantes. La connaissance de Dieu par Salomon était l'une des dernières volontés de David et je dirai que cela était le secret de la réussite de David avec Dieu (la connaissance de Christ il le connaissait c'est lui qui écrivit les Psaumes Messianiques notamment le Psaume 22 ; le Psaume 69, 40 et les autres...), secret qu'il n'oublia pas de transmettre et n'emporta pas non plus cela dans son sépulcre : il le légua à son fils Salomon et à nous qui sommes ses descendants car cela était la clef pour que Salomon puisse triompher et atteindre son but avec Dieu. Et cela est la clef pour que nous aussi nous puissions triompher et atteindre notre but avec Christ...

De nos jours, beaucoup parlent de Dieu mais de quel Dieu parlent-ils ? Plusieurs disent des choses de la part de Jésus, mais de la part de quel Jésus disent-ils ces choses ? Bar-Jésus ? Ou quel JESUS ? Mon Jésus ? Ils prêchent la croix mais quelle croix prêchent-ils puisqu'il y en avait deux de plus près du Véritable ? Certains disent des choses, prétendant que celles-ci viennent de Dieu, ils parlent pour eux-mêmes, ceci pour satisfaire leurs ventres ils sont charnelles, emportés par le désir de satisfaire leurs chairs. Or, *les œuvres de la chair sont manifestes, ce sont l'impudicité, l'impureté, la dissolution, l'idolâtrie, la magie, les inimitiés, les querelles, les jalousies, les animosités, les disputes, les divisions, les sectes, l'envie, l'ivrognerie, les excès de table, et les choses semblables :* **Galates 5 :19-21**. Ce genre de personnes ne sont pas prêt d'entrer dans le royaume de Dieu mais elles constituent comme Satan au blocage pour l'avancer de l'Evangile de JESUS-CHRIST.

Il est vrai que d'autres sont vraiment des élus de Dieu, mandatés par Dieu lui-même et prêchent la Sainte doctrine de Dieu. Reconnaissez à ceux-ci *l'amour, la joie, la paix, la patience, la bonté, la bénignité, la fidélité, la douceur, la tempérance.* **Galates 5 :22**. Par ailleurs, d'autres sont de Satan et sont là pour créer d'avantage la confusion et bloquer la voie du salut, ils ne sont là que pour *dérober, égorger et détruire*; **Jean10 :10.**

Bien-aimé frère, bien-aimée sœur en Christ cherche véritablement Dieu de tout ton cœur et lorsque tu l'auras trouvé demeure en communion avec lui. La vie chrétienne est une relation qu'on forge de jours en jours avec Christ, Dieu on le cherche **Jérémie29:13-14**. Pour mieux le connaitre il faut le chercher, on le cherche dans sa parole et l'ayant trouvé il faut demeurer en lui par une intimité ferme. Lorsque tu le chercheras et que tu le trouveras alors tu deviendras fiancée de Christ ceci par l'Evangile **2Corinthiens11 :2** « ... *parce que je vous ai fiancé à un seul époux, pour vous présenter à Christ comme une vierge pure* ».

Pour mieux comprendre la notion d'intimité avec Dieu nous créerons une analogie avec le mariage de manière naturel car l'apôtre Paul a Dit : « *La nature elle-même ne vous enseigne-t-elle pas ?*» **1Corinthiens11 :14.** Avant d'épouser une femme nous avons généralement les fiançailles ceci à l'état initiale nous somme fiancés non pas encore épouses or Christ ne cherche pas qu'une fiancée mais une épouse. Or les droits d'une épouse ne sont pas les mêmes que ceux de la fiancée ceci dit on peut rompre les fiançailles mais pas le mariage si ce n'est qu'en cas de décès de l'un des conjoints. Or notre époux lui est ressuscité et vit éternellement et il offre aussi la vie éternelle à son épouse donc le mariage avec Christ est éternel. Pour parvenir au stade d'épouse, celui-ci est démontré par le niveau de connaissance que la fiancée a de l'époux et de l'intensité d'intimité qu'elle a avec lui. Etant considéré comme fiancée de Christ pour parvenir à être épouse alors la fiancée se doit de forger l'intimité avec l'époux car c'est l'intimité qui rend une relation entre partenaire solide : mieux vous êtes intimement liés, mieux vous vous connaissez et plus vous vous connaissez mieux vous vous comprenez.

Sois intimement attaché au Seigneur JESUS, Cherches toi-même à avoir les informations te concernant, les informations du royaume toi qui est un enfant du royaume de Dieu. Ne laisse plus n'importe qui te dire n'importe quoi. Lorsque tu t'engageras à véritablement le chercher, il se laissera trouver par toi.

Ne laisses plus n'importe qui te dire n'importe quoi. En ce temps de la fin, plusieurs fausses doctrines ont vu le jour et sont pleinnes dans le monde, plusieurs courants de pensées, et de philosophies sont là aux aguets eux aussi ayant un but, celui d'emmener les chrétiens non seulement dans la confusion mais aussi pour attirer les hommes dans la perdition. C'est à cet effet que le Seigneur JESUS a dit : «*Prenez garde que personne ne vous séduise.* » **Matthieu 13 :5**, il dit encore : « *Prenez garde que vous ne soyez séduits. Car plusieurs viendront en mon nom, disant: C'est moi, et le temps approche. Ne les suivez pas.* » **Luc21 :8**.

Bien-aimé ne néglige pas ces paroles cherche à connaître le Seigneur c'est très important c'est non seulement capital mais aussi fondamentale. Il dira encore par l'apôtre Paul: *« Prenez garde que personne ne fasse de vous sa proie par la philosophie et par une vaine tromperie, s'appuyant sur la tradition des hommes, sur les rudiments du monde, et non sur Christ»* **Colossiens 2:8** (plusieurs autres versets en parlent mais attenons nous à ceux-ci). Ainsi, il est important d'avoir une relation d'intimité avec Dieu ce qui t'aidera à parvenir au terme de ton but, sinon à mi-chemin tu failliras et tu perdras le but. Donc lorsque tu t'imprégneras dans l'intimité avec JESUS, il enverra sur toi son Esprit : **le Saint Esprit**, c'est cet Esprit qui te permettra de savoir qui peut te dire quoi de la part de Dieu, il te permettra de discerner le vrai du faux.

Le Roi des rois a dit du Saint Esprit qu'il nous enseignera toute chose, qu'il nous conduira dans toute la vérité, qu'il nous convaincra du péché, du jugement et de la justice. **Jean14 : 16-17 ; Jean16 :7-11, 13-14**. Seul l'Esprit de Dieu peut t'enseigner les choses de Dieu, lui seul peut te faire savoir ce qui est et ceux qui sont de Dieu.

Pour connaître Dieu il faut au préalable l'aimer : l'aimer, c'est aimé sa Parole et croire en elle ensuite ***l'accepter et croire qu'elle est vérité***. C'est de la parole de Dieu que Esprit de vérité ; le Saint Esprit se référera pour t'enseigner car Christ a dit : ***« il prendra de ce qui est à moi et vous l'annoncera »*****Jean16 :14,** or il est dit de JESUS dans **Jean1 :1-14**, **Apocalypse19 :13** qu'il est la ***Parole de DIEU.*** Ceci dit, tu devras chercher à mieux la connaître en croyant qu'elle te donnera la connaissance suffisante pour que toi à ton tour tu demeures fidèle à lui. De même, tu devras ***te familiariser*** avec la Parole toujours en croyant qu'elle est un compagnon fidèle ceci permettra à l'Esprit de se mouvoir davantage en toi et au travers toi.

Par ailleurs, il est toujours important, de ***L'examiner*** en croyant fermement qu'elle est la solution à toutes choses, à toutes situations, qu'elle est la situation à tout problème et qu'elle est la solution à utiliser dans toutes circonstances. L'examiner en la soumettant à de ***profondes réflexions***, du moins faire d'elle un sujet de ***réflexion constant.*** Ces exercices te conduiront à la fidélité, à la piété et ceux-ci fortifieront ta foi et ta relation avec Dieu. De même, ils te permettront d'avoir non seulement un discernement aguerri, mais aussi une connaissance profonde du Dieu que tu sers **Josué 1:8.**

Je ne dis pas au travers de ces propos de ne pas aller à l'église loin de là, je ne demande pas non plus de ne pas écouter ou de ne pas suivre les enseignements d'un supérieur dans la foi loin de là, de même, je ne dis pas non plus d'éviter les assemblées non ce n'est pas ça que je transmets. Je demande aux uns et aux autres **d'examiner** les paroles qu'ils écoutent, **d'examiner** les enseignements qu'ils reçoivent ; de se poser la question est ce que ceux-ci sont conformes aux Saintes Ecritures de JESUS-CHRIST ? Car Dieu est sa parole il ne la contredit pas et ne se contredit pas lui-même. Je t'encourage donc d'avoir une relation particulière et personnelle avec JESUS, je te demande : de lire constamment ta Bible car elle est la parole de Dieu, de la méditer ; de la pratiquer, de l'appliquer au quotidien, d'être constamment et régulièrement en communion avec le Seigneur je t'encourage de forger une vie de prière incessante avec lui c'est cela qui est bon et meilleur en ce temps de la fin pour tout chrétien et pour tous ''nés de nouveau''. Lis attentivement ces quelques versets :

- *Ces Juifs avaient des sentiments plus nobles que ceux de Thessalonique; ils reçurent la parole avec beaucoup d'empressement, et ils* ***examinaient chaque jour les Écritures****, pour voir si ce qu'on leur disait était exact. Plusieurs d'entre eux crurent, ainsi que beaucoup de femmes grecques de distinction, et beaucoup d'hommes.* **Actes17 :11-12**
- ***Examinez-vous*** *vous-mêmes, pour savoir si vous êtes dans la foi; éprouvez-vous vous-mêmes. Ne reconnaissez-vous pas que Jésus-Christ*

est en vous? à moins peut-être que vous ne soyez réprouvés. **2Corinthiens13 :5**

- *Que* ***chacun examine*** *ses propres œuvres, et alors il aura sujet de se glorifier pour lui seul, et non par rapport à autrui; car chacun portera son propre fardeau.* **Galates6 :4-5**
- ***Examinez*** *ce qui est agréable au Seigneur; et ne prenez point part aux œuvres infructueuses des ténèbres, mais plutôt condamnez-les.* **Ephésiens5 :10-11**
- *Ne méprisez pas les prophéties. Mais* ***examinez*** *toutes choses; retenez ce qui est bon.* **1Thssaloniciens5 :20-21.**

Si nous ne pouvons-nous en tenir qu'à ceux-là.

A cet effet, Fais Demeurer sa parole en toi. Et par elle tu as et tu auras tout ce que ton cœur désir : **Psaum37:4, Jean15:7, Jean10:30, Jean 11:40, Jean14:6, Jean 14:15, Jean15:16.** Etant dans la condition de **Jean 15:7** le péché est automatiquement anéanti **Colossiens 2:14-15.** Bien aimé mire toi sur la Parole de Dieu car sa parole est un miroir au travers duquel tout Homme peut voir son reflet et définir sa personne. Donc ne permet **jamais** à quelqu'un, à un Homme quel qu'il soit de définir celui que tu seras, de définir la personne que tu deviendras si cela n'est pas en conformité avec la parole de Dieu. Vie la parole de Dieu tu deviendras la personne que JESUS a dit que tu es. Il dit que « *Tu es l'enfant du Dieu tout Puissant, que tu es la lumière du monde, le sel de la terre*» **Jean 1: 12**, **Matthieu 5 :13-14**. Il a dit que « tu es la tête et non la queue, que tu seras en haut et non en bas » **Deutéronome28 :13**. Il te dit : *« Bien-aimé je souhaite que tu prospères à tous égards et sois en bonne santé comme prospère l'état de ton âme»* **3Jean2 :2.** Il a dit pleins de choses merveilleuses à ton sujet ; il te rassure en ces mots : « *je connais les projets que j'ai formés sur toi, dit l'Eternel, projets de paix et non de malheur, afin de te donner un avenir et de l'espérance.*» **Jérémie 29:11.**

Connais le Dieu que tu sers et tu deviendras sa référence parmi les Hommes. Ceux-là qui l'ont connus et qui ont eu une intimité forgée avec lui ont triomphé. JESUS n'est pas un slogan ou une fable ou encore un mythe ; JESUS (la parole) et elle est vivante ; il est réel et palpable pour ceux qui croient en lui. Il agit et réagit en vers ceux-là qui ont des regards fixés sur lui car il est le rémunérateur de ceux qui le cherchent. **Hébreux11 :6**

JESUS est l'origine de toutes choses.

Que la révélation de sa connaissance soit ton partage toi qui demeures dans sa parole et que ce qu'il a dit te concernant soit manifeste en toi et au tour de toi au nom Puissant de JESUS que sa bénédiction abonde dans ta vie afin que tu sois une source de bénédiction, que la connaissance de son nom soit pour toi la clef de ton salut selon qu'il est écrit *qu' il n'y a de salut en aucun autre nom que ce soit dans les cieux, sur la terre, ou sous la terre même pas dans les eaux ou sous les eaux ; aucun autre nom si ce n'est le nom de JESUS par lequel nous pouvons être sauvés* **Actes 4:12.** Si Dieu est pour toi, qui pourra être contre toi ? Bien-aimé que la connaissance de la parole de Dieu soit pour toi une arme et l'ayant associée aux autres armes de Dieu que tu puisses de manière efficace lutter contre les dominations, contre les autorités, contre les princes de ce monde de ténèbres, contre les esprits méchants dans les lieux célestes **Ephésiens 6 :12-17.**

Oh ! Plus que vainqueur !!Connais le Dieu de tes pères, Abraham, Isaac, Jacob, David,... connais le et Sers-le d'un cœur dévoué et d'une âme bien disposée. Car *l'Eternel sonde tous les cœurs et pénètre tous les desseins et toutes les pensées.* **1Chroniques 28 :9**, C'est alors que tu réussiras dans tout ce que tu feras, et partout où tu te trouveras. **1Roi2 :3.**

Qu'il en soit ainsi dans ta vie au nom puissant de JESUS-CHRIST.

LES ATTITUDES ET LES APTITUDES: LES COMPLEMENTS

« *Je puis tout par celui qui me fortifie.* »Phil 4 :13

Sans la condition suscitée, sans la Parole de Dieu même notre bonne volonté ne nous permettra pas d'atteindre notre but avec lui.

Ier COMPLEMENT

CONFIANCE ET ASSURANCE

Beaucoup disent qu'ils croient en Dieu mais dans leur manière de faire, dans leur manière de parler, le contraire est démontré or croire c'est aussi avoir confiance ; comment peux-tu croire en quelqu'un en qui tu ne fais pas confiance ? Et comment peux-tu avoir l'assurance en quelqu'un en qui tu ne tu n'as pas confiance ? Et comment prétends tu donc vouloir atteindre ton but avec quelqu'un en qui tu n'as ni assurance ni confiance ? C'est paradoxal ! Si nous nous disons chrétiens c'est-à-dire que nous croyons en Christ et marchons comme Christ alors cela voudrais dire que nous lui faisons confiance et que nous avons l'assurance en lui or nombreux prétendent croire en Christ JESUS mais dans leur façons de faire, d'agir, et dans leur marche quotidienne, ils démontrent un manque de confiance caractérisé par une incrédulité masqué sous un sourire et sous une apparence hypocrite. Raison pour laquelle nous rencontrons un bon nombre d'entre eux qui divaguent d'assemblée en assemblée, chrétiens le matin païens le soir, inconstant dans leur foi, des véritables raisonneurs, insatisfaits d'eux-mêmes et toujours attachés aux imparfaits. Outre, croire c'est tenir pour vrai ceci dit : si nous croyons en JESUS alors nous le tenons pour vrai et existentiel, ainsi donc nous *détenons l'assurance que ni la mort ni la vie, ni les anges ni les dominations, ni les choses présentes ni les choses à venir, ni les puissances, ni la hauteur, ni la profondeur, ni aucune autre créature ne pourra nous séparer de l'amour de Dieu manifesté en Jésus-Christ notre Seigneur.* **Romains 8 : 38-39.**

De même, nous avons cette assurance-là qu'il est le rémunérateur de ceux qui le cherchent **Hébreux 11:6.** Heureux l'homme qui se confit en Christ, et à qui conque croit en lui et à l'œuvre accomplit à la croix : sois heureux et aie confiance en lui, car il est l'ami fidèle. L'admirable conseiller c'est lui. La paix il en procure étant lui-même le Prince de paix. Mets ta confiance et ton assurance en JESUS, il te conduira dans cette randonnée royale qu'est la vie Chrétienne et te permettra d'atteindre ton but. Il est le bon compagnon de parcours qui te conduit à la vie éternel. JESUS en qui tu te dois de mettre ta confiance nous a racheté au prix de sa vie car Dieu prouve son amour envers nous, *en ce que, lorsque nous étions encore des pécheurs, Christ est mort pour nous.* **Romains 5 :8**. Ceci Afin que nous soyons réconciliés avec Dieu le père. Il nous fait accéder dans son royaume de gloire.

Par sa mort à la croix il a déchiré le voile qui nous empêchait de contempler la magnificence du Dieu très haut, *il a rétabli toutes choses par sa mort à la croix car nous qui étions mort par nos offenses et par l'incirconcision de notre chair, il nous a rendus à la vie avec lui, en nous faisant grâce de nos offenses ; il a effacé l'acte dont les ordonnances nous condamnaient et qui subsistait contre nous, et il l'a détruit en le clouant à la croix; il a dépouillé les dominations et les autorités, et les a livrées publiquement en spectacle, en triomphant d'elles par la croix.***Colossiens2:13-15**. Nous donnant ainsi la vie par sa mort, et la justification par sa résurrection, il a triomphé de la mort et a ravi les clefs de la mort et du séjour des morts : plus de mort pour celui qui est en JESUS mais la vie éternelle aux rachetés qui se confient et qui ont l'assurance en lui.

Si JESUS est pour toi, qui pourra être contre toi ?, Si tu n'as pas confiance en ton rédempteur en qui auras tu confiance ? En toi ? Avoir la confiance en soi c'est bon mais en plus de cela avoir plus confiance en JESUS c'est excellent. Car toi seul tu ne peux pas, par tes propres forces tu n'y arriveras pas. Car il a dit : « *sans moi vous ne pouvez rien* » **Jean 15 :5.** En tant qu'enfant légitime de Dieu né de JESUS-CHRIST il n'est pas facile pour toi d'accéder à l'excellence sans la confiance et l'assurance en celui qui t'a racheté au prix de sa vie.

Un sage a dit un jour : « *L'Éternel est bon, Il est un refuge au jour de la détresse; Il connaît ceux qui se confient en lui.* » **Nahum 1:7**

C'est pourquoi : « *Confies-toi en l'Éternel de tout ton cœur, et ne t'appuies pas sur ta sagesse ; reconnais-le dans toutes tes voies, et il aplanira tes sentiers.* » **Proverbes 3 :5-6**. En qui auras tu confiance ? En quel Homme mettras-tu ta confiance ? N'oublies pas qu'il est poussière comme toi et faillible comme toi. La vanité se trouve en lui et son cœur est sensible et faible comme du froment, manipulable par un autre Homme comme lui et par Satan l'ennemi de nos âmes. Ne donnes pas accès au Diable en te confiant à l'Homme. C'est dans cette optique que le Seigneur déclare : « *Maudit soit l'homme qui se confie dans l'homme, Qui prend la chair pour son appui, Et qui détourne son cœur de l'Éternel!* » **Jérémie 17 :5-8** l'Eternel dit qu'il est comme *un misérable dans le désert, Et ce genre d'Homme-là ne voit point arriver le bonheur; Il habite les lieux brûlés du désert*, par ailleurs il déclare à la suite: «*Béni soit l'homme qui se confie dans l'Éternel, Et dont l'Éternel est l'espérance! Il est comme un arbre planté près des eaux, Et qui étend ses racines vers le courant; Il n'aperçoit point la chaleur quand elle vient, Et son feuillage reste vert; Dans l'année de la sécheresse, il n'a point de crainte, Et il ne cesse de porter du fruit.* »

Si ce n'est celui qui t'a créé ? Pourquoi n'as-tu pas confiance en celui-là qui a créé toute chose et par qui toutes choses subsistent ? Aies confiance en JESUS et tu trouveras confiance en toi car si JESUS est pour toi que peuvent te faire les Hommes ? Il a porté sur lui nos souffrances, il s'est chargé de nos douleurs et le châtiment qui nous donne la paix est tombé sur lui **Esaïe 53 :1-10.** Aies toujours l'assurance et la confiance en JESUS car s'il a subit toutes ces souffrances-là, il les a subi pour toi à plus forte raison n'agira-t-il pas en ta faveur toi qui lui fait confiance ? Aies l'assurance et la confiance en la Parole de Dieu car elle est Esprit et vie, elle est puissante et efficace. Même si tout va mal, même si ta vie semble être un désastre, ta santé est mal au point, tu te trouves en carence de finances, le succès t'échappe, tu ne vie que l'échec, l'enfant est ta quête tu cherches mais tu ne trouves pas. Sache que ces périodes de désert et de détresse n'ont pas commencés sur toi et que cette vie de misére existe il y'a de cela des millénaires mais la bonne nouvelle est que :

- Rassures toi, l'Eternel t'aime: **Jérémie 31:3**
- Jésus ne t'abandonnera jamais **Jérémie 33:3, Matthieu 28:20**
- il est fidèle, Jésus est l'admirable conseiller**Psaumes9:10-11**, **Aggée2:5**, **Esaïe 9 :5**
- Rassures toi que rien n'est impossible à Dieu et à quiconque croit **Jean11:40**
- Ne laisses personne te mépriser et ne te méprises pas toi-même, mais sois un modèle pour les Hommes, en parole, en conduite, en amour, en foi, en pureté. **1Timothée 4:12**
- Ne dis pas à Dieu j'ai des grands problèmes mais dis à tes problèmes j'ai un Grand Dieu.
- Aies cette assurance là que même si tu es abandonné par tout le monde même par tes parents rassures toi l'Eternel ne t'abandonnera jamais, il est le Dieu des abandonnés, des veuves et des orphelins **Ésaïe 49:15-16**
- Il est le consolateur des cœurs brisés, le mari des veuves, le père des orphelins. Il assure et rassure en tout temps et dans chaque circonstance même dans le désert il fraye un chemin pour ceux qui l'aiment ; Recommandes ton sort à l'Eternel, mets ta confiance en lui et il agira **Psaumes 37:5.**

- Evites les murmures, elles sont des facteurs favorables à l'incrédulité car c'est à cause des murmures que le peuple d'Israël avait fait quarante ans au désert et que tous sont morts sans avoir vu la promesse.

Toujours avoir confiance en JESUS, en l'Emmanuel, il est un ami fidèle, un bon compagnon de parcours car dit-il *quand on tourne vers lui les regards, on est rayonnant de joie et le visage ne se couvre point de honte* **Psaumes 34 :5-6.** La honte devient le partage de ceux qui en veulent à ta vie et à ton bonheur car L'Éternel te donnera la victoire sur tes ennemis qui s'élèveront contre toi*; ils sortiront contre toi par un seul chemin, et ils s'enfuiront devant toi par sept chemins.* **Deutéronome28 :7**. Une chose vraie est que tu détiens une capacité, un potentiel enfuit au-dedans de toi. Frère du moment que tu as pris l'initiative de croire quoi qu'il advienne à ce Dieu et du moment que tu t'es engagé à le prendre pour soutien, quoi qu'il en soit, rassures toi juste que tu as davantage une confiance parfaite en JESUS-CHRIST et qu'en lui tu as mis tout ton espoir. Prend courage et humilie toi davantage et il agira.

Je sais que mon rédempteur, notre rédempteur est vivant j'ai la pleine conviction qu'il agira dans ta vie comme il l'a fait pour ce paralytique de la piscine de Bethesda, comme il a fait pour cette femme qui avait une perte de sang pendant douze ans. De la même manière qu'il a fait des miracles il le fera encore car il se lèvera le dernier dans ta vie là où tout le monde a échoué lui il réussira. Il déclare : « ***dans un moment de colère, je t'avais dérobé ma face, mais avec un amour éternel j'aurai compassion, de toi dit ton rédempteur, l'Eternel*** **»** ***Esaïe 54:8,*** il éveillera ce potentiel qui est au-dedans de toi et il te rendra victorieux, frère! Si tu crois et si tu lui fais confiance, jamais il ne te décevra il est fidèle dans ses promesses, *Dieu n'est point un homme pour mentir, ni fils d'un homme pour se repentir. Ce qu'il a dit, ne le fera-t-il pas? Ce qu'il a déclaré, ne l'exécutera-t-il pas?* **Nombres 23 :19**.

Que sa Parole ne s'éloigne point de tes yeux, écrit la sur la table de cœur, garde la comme la prunelle de tes yeux car il est dit de sa Parole *qu'elle est puissante et efficace* et par ce que tu as la Parole qui est Jésus-

Christ et que la Parole est en toi et avec toi alors [..] *toute arme forgée contre toi sera sans effet ; et toute langue qui s'élèvera en justice contre toi, tu la condamneras. Tel est l'héritage des serviteurs de l'Éternel, tel est le salut qui leur viendra de moi, dit l'Éternel.* **Esaïe 54: 15-17.**

Toutes ces choses, ma main les a faites, Et toutes ont reçues l'existence, dit l'Éternel. Voici sur qui je porterai mes regards: Sur celui qui souffre et qui a l'esprit abattu Sur celui qui craint ma parole. **Esaïe 66 :2**.

Confesses ces paroles elles créeront davantage dans ton cœur l'assurance et la confiance en JESUS-CHRIST :

Voici ce que tu dois repasser en ton cœur, ce qui te donnera de l'espérance. Les bontés de l'Éternel ne sont pas épuisées, ses compassions ne sont pas à leur terme; Elles se renouvellent chaque matin. Oh! Que ta fidélité est grande! L'Éternel est ton partage, dit mon âme; C'est pourquoi tu dois espérer en lui. L'Éternel a de la bonté pour qui espère en lui, Pour l'âme qui le cherche. Il est bon d'attendre en silence.

Lamentations 3 :21-26

IIème COMPLEMENT

PRIERE ET FOI

La Prière et la Foi font mouvoir davantage l'Esprit de Dieu en toi, te permettant ainsi de faire éclore le potentiel qui est enfoui en toi. Associe à tes prières, les prières de la Bible notamment celles des Psaumes **Ephésiens5 :19-20.** La prière de louange et la prière d'adoration sont des prières puissantes et agréables à Dieu si elles sont faites avec humilité et sincérité de cœur vu qu'il sonde le cœur. Prier c'est parlé à Dieu, ce n'est pas hurlé ni murmuré mais c'est simplement lui parlé en lui rappelant ce qu'il a dit à ton Sujet. Ne multiplies pas de vaines paroles mais parles lui en t'appuyant sur sa parole car il dit qu'il veille sur sa parole non pas sur nos paroles à nous mais sur la sienne, il veille sur celle-ci pour l'exécuter. **Jérémie1 :12** donc rassures toi que tes prière sont des paroles répertoriés par lui et qu'elles sont en accord avec sa volonté. *Si quelqu'un détourne l'oreille pour ne pas écouter la loi, Sa prière même est une abomination.* **Proverbes28 :9**. Donc il est important que tes prières prennent appuis sur la parole de Dieu sinon tu pourrais passer à côté du but.

- *La prière est un acte de foi, priez sans cesse a dit un homme de Dieu* **1Thessaloniciens 5:17.**

- *La prière du juste a une grande efficacité* **Jacques 5:16.**

- N'est-il pas écrit que *le juste vivra par sa Foi* ? **Habakuk 2:4.**Frère soit juste et par la foi tu y arriveras.
- *La foi est une ferme assurance des choses qu'on espère, une démonstration de celles qu'on ne voit pas* **Hébreux 11:1 .**
- Laisses toi contrôler par l'Esprit de Dieu car il poussera ta foi à poser les œuvres **Jacques2:17-18**
- La prière n'empêchera pas les tentations et les persécutions mais elle

te permettra par ta foi de résister à chacune d'elles.

– *Ne l'oublies jamais sans la foi il est impossible d'être agréable à Dieu, car il faut que celui qui s`approche de lui croit qu'il existe et qu'il est le rémunérateur de ceux qui le cherchent* **Hébreux11: 6,**

– *La foi est une arme efficace pour bloquer et éteindre tous les traits enflammés du malin* **Ephésiens 6:16**.

– Lis et écoutes constamment la Parole de Dieu car la foi vient de ce qu'on entend et ce qu'on entend vient de la Parole de Dieu **Romains10:17.**

- Ne t'inquiètes de rien mais en toute chose fais connaitre tes besoins à Dieu par toutes sortes des prières et des supplications, avec des actions de grâces **Philippiens 4:6.**

- Ne sois pas inconsidéré, mais **comprends qu'elle est la volonté du Seigneur Ephésiens 5:17.** Le Seigneur a une volonté à ton égard c`est par la prière que tu la sauras.

Heureux ceux qui ont le cœur pur, car ils verront Dieu! **Matthieu 5 :8** le cœur est le centre de la paix et la source de la vie de l'être c'est en lui que réside tout notre potentiel et c'est pourquoi il est dit: « *garde ton cœur plus que toute autre chose car de lui provient les sources de la vie* » **Proverbes 4:22.** Le cœur étant la pierre précieuse de l'être c'est sur lui que vient s'assoir la parole de Dieu et la Parole étant assise rafraichit tout le corps c'est sur lui et grâce à la parole que vient siéger l'Esprit de Dieu. Ne pas se laissé affecter par des circonstances préjudiciables, le silence confond l'adversaire. Attends en silence et sois posé. La foi ne fait pas de bruit mais elle agit après tes prières sois calme et crois, le Seigneur dit : « Tout ce que vous demanderez en priant, croyez que vous l'avez reçu, et vous le verrez s'accomplir ». Médite la Parole de Dieu et elle agira en toi et par toi elle se manifestera. Dieu aime, il aime la paix et la tranquillité car lui-même est paix et amour lorsque ton être est paisible c'est alors qu'il est facile d'être en bonne communion avec notre Seigneur, le Dieu vivant; le calme du chrétien procure et définie la confiance qu'il a envers son Dieu , le calme évite les querelles, que ton cœur soit une source d'Amour, détourne toi de la haine, il est dit que « *la haine excite les querelles, mais l'amour couvre toutes les fautes* » **Proverbes10 :12**. La parole qui sort de la bouche d'un cœur paisible et tranquille est murie, elle est réfléchie et sans condamnation.

De ce fait, son corps ne sera point souillé ***Marc 7:18-23***. Frère que ta bouche ne se hâte point de parler car celui qui parle beaucoup ne manque pas de pécher, mais celui qui retient ses lèvres est un homme prudent. **Proverbes *10: 19***. Que ta langue ne se détourne pas des paroles paisibles même quand les soucis te pousseront dans la déprime souries et sois toujours en joie, soyez toujours joyeux déclare le Seigneur **1Théssaloniciens5 :16**. Car toutes choses concours au bien de ceux qui aiment Dieu et qui sont appelés selon ses desseins ton calme et ton silence dans le Seigneur te donneront de l'autorité et le pouvoir, le calme est l'ami de l'humilité parce que tu es humble il te donnera raison en Jésus-Christ et fermera l'accès au diable « Que le Dieu de paix soit avec toi ».***Romains15:33.***

Toutes ces attitudes développées sont des attitudes des personnes de foi qui croient en leurs prières, qui croient que le Seigneur va se manifester à leur égard.

L'Eternel combattra pour vous; et vous, gardez le silence. **Exode 14:14**

IIIème COMPLEMENT

FORTIFIE-TOI ET AIE BON COURAGE

Les ingrédients importants et essentiels pour ce complément comme tous les autres, sont la Louange, l'adoration, la lecture de la parole de Dieu. Lire et voir comment d'autres ont fait pour triompher par la parole. Nous avons entre autre Dieu qui pouvait dire à Josué et te le dit à toi aussi aujourd'hui, il te le dit car JESUS est le même il ne change pas; Il te dit : ***nul ne tiendra devant toi, tant que tu vivras. Jésus est avec toi comme il a été avec Moïse, Jésus ne te délaissera pas, il ne t'abandonnera pas. Fortifie toi et prend courage car il a vaincu le monde, fortifie toi seulement et aie bon courage. Ne te détourne ni à droite ni à gauche de sa parole. Sois un homme*** **Josue1:5-7.**

- Nous avons reçu par la grâce du Seigneur JESUS non pas un Esprit de timidité mais un Esprit de Force, d'Amour et de Sagesse, **2Timothée 1:7** fais en bonne usage.

- Rends grâce en toutes choses, même dans les problèmes, même dans les difficultés rends grâce car c'est à ton égard la volonté de Dieu en JESUS-CHRIST **1Thessalonicien 5:18.**

- c'est quoi le vrai ? Qu'es-tu ? Tu es vrai ou faux ? Et le réel qu'est-ce que c'est ? Il n'y a point de vérité loin de la parole de Dieu, toute la vérité se trouve en lui. Es-tu réel ou imaginaire ? Mon frère marque ton temps ; impactes le. Sois fort mon bien aimé! Sois fort !!! Si les Hommes te négligent, ne te négliges pas toi-même, marques ta vie par ta personne ne sois plus un simple figurant mais deviens un acteur de la vie ; forges toi une personnalité fais sortir de toi le champion que Christ a encré dans tes entrailles. Laisses les gens parler de toi, mais toi, Fortifies toi et prends courage. De leurs yeux ils verront la gloire de Dieu resplendir sur ton visage.

Tout le monde plaint le monde et se plaint du monde! La perdition est le partage de ceux qui ignorent la connaissance! Tous veulent voir le monde changer mais personne ne veut changer soi-même, les chrétiens religieux, croyants, attendent la manne tomber du ciel. Ce temps-là est révolu. Frère, toi qui attends le changement, commences d'abord par changer. Crois en JESUS et crois qu'il t'emmènera à atteindre le but que tu t'es fixé. Eglise Arrêtons de subir le monde, cherchons plutôt à l'impacter, arrêtons de jeter les pierres sur les autres, cherchons plutôt à faire notre introspection à fin de trouver notre achoppement, Christ compte sur nous.

Oh! Nous enfants de Dieu, lumière du monde, nous qui avons été appelés par notre Seigneur et Sauveur JESUS-CHRIST arrêtons de subir l'effet du monde, nous sommes dans le monde, mais ne sommes pas du monde. Evitons d'être comme des moutons que l'on mène à la boucherie. Arrêtons d'être les bouc-émissaires de ceux-là qui gouvernent le monde. Ils se moquent de nous à la vue de notre confusion, car ils savent le potentiel que nous détenons. ***« La création toute entière attend avec un ardent désir la révélation des fils de Dieu »*** **Romains8 :19** nous sommes des ouvriers du Dieu très haut, **1Corinthien3:9,** membres du corps de Christ appelés à apporter notre part de contribution, notre pierre à l'édifice chacun selon sa part. Ceci afin de, non seulement impacter ce monde égaré, corrompu, et plein de malices. Mais aussi à l'avènement d'un monde nouveau. Christ de son vivant en tant que homme a impacté son époque, à nous d'en faire autant car il nous a remis toute autorité et tout pouvoir. IL a dit : *« Je vous le dis en vérité, tout ce que vous lierez sur la terre sera lié dans le ciel, et tout ce que vous délierez sur la terre sera délié dans le ciel »* **Matthieu18 :18**. Arrêtons de faire honte à notre Dieu.

Le premier miracle que Dieu opère chez un "né de nouveau" ceci au travers de sa parole, est de le façonner, le modifier, et l'équiper : ***« Car la parole de Dieu est vivante et efficace, plus tranchante qu'une épée quelconque à deux tranchants, pénétrante jusqu'à partager âme et esprit, jointures et moelles; elle juge les sentiments et les pensées du cœur.»*** **Hébreux 4 :12.** Il rend les personnes ordinaires en personnes extraordinaires. Donc arrêtons de nous apitoyer sur notre sort. Frère, nous sommes plus que vainqueur, nous combattons non pas pour la victoire mais dans la victoire. Pour moi, mon œuvre a déjà commencé, je ferai ma part je suis dévoué à mon Dieu avec lui et par lui j'impacterai ce monde de mon vivant et témoignerai la gloire de ce Dieu en qui j'ai cru et en qui j'aimerai que tu crois aussi davantage en lui car il est merveilleux et infiniment bon. ***Réveille-toi, toi qui dors, relève-toi car ton état est semblable à celui d'un mort, réveille-toi et met toi à l'œuvre*** **Ephésiens 5: 14-15.** Prends conscience et éveilles toi champion fortifies toi et aie bon courage pour atteindre ton but avec Christ ceci afin que sa gloire soit manifeste et que son nom soit davantage glorifié

Tu es béni !

IVème COMPLEMENT

DETERMINATION ET PERSEVERANCE

Ta détermination définie ton degré d'attachement à ce que tu entreprends et ton degré de détermination définira aussi l'importance que tu accordes à ta vision ou à ton but visé. C'est aussi par elle que tu feras croître ta foi car plus tu seras déterminé, plus tu poseras des œuvres qui démontreront ta foi et mieux il en sera, plus ta foi croitra. **« *Je cours vers le but, pour remporter le prix de la vocation céleste de Dieu en Jésus-Christ.* » Phillipiens1 :14** ici l'apôtre Paul démontre la détermination qu'il a et dont il fait preuve pour atteindre le but. Il dit qu'il *court* donc il dégage de l'énergie démontrant ainsi le degré d'attachement et l'important du but qu'il veut atteindre.

Par ailleurs, puisque c'est Christ qui t'a enrôlé et que ton désir est de triompher et atteindre ton but avec lui, alors ta détermination ne devra pas te pousser à enfreindre les règles car il dit à Timothée, à toi et à moi : **« *Il n'est pas de soldat qui s'embarrasse des affaires de la vie, s'il veut plaire à celui qui l'a enrôlé; et l'athlète n'est pas couronné, s'il n'a combattu suivant les règles* » 2Timothée2 :4-5.** Donc bien-aimé, prends précaution de ne pas enfreindre les règles dans ta détermination. Non pas que la détermination n'est pas bonne loin de là sois déterminé en demeurant dans les règles de celui-là en qui tu espères. La meilleure façon de patienter est de ne pas regarder ton état présent mais à ta gloire future et estimer que les souffrances du temps présent ne sauraient être comparées à la gloire avenir qui sera révélée pour toi grâce à JESUS **Romains 8:18.** C'est en d'autres termes regarder aux solutions qui sont en Christ et non aux problèmes qui sont dans le monde, C'est toujours se dire en soi-même et à soi-même que: « Peu importe l'ardeur et les circonstances de la vie tu y arriveras, Tu triompheras avec Christ. Dis-toi toujours que tu es un plus que vainqueur, que tu es un champion appelé à avancer quel que soit la taille du Goliath de ta vie, peu importe le mur de Jéricho dressé contre ta destinée. Dis-toi toujours que tu y arriveras, que ton rédempteur est vivant et il se lèvera le dernier et il accomplira les desseins qu'il a prévu pour ta vie ». Surtout n'abandonnes Jamais et sois toujours joyeux **1Thessalonicien5:16**, **Hébreux 6:12**.

Frère, fais ce qui est juste aux yeux de l'Eternel ton Dieu, sers le et n'abandonnes pas ton poste peu importe la durée de la promesse car:« *si la prophétie tarde attends-la, car elle s'accomplira, elle s'accomplira certainement* » **Habakuk2 : 4** donc d'une manière certaine il exaucera ce qu'il ta promis.

Dans ta détermination et persévérance, regardes en toi et reconnais que le changement commencera par toi, et que tu es important et essentiel pour la saveur de ce monde, n'oublies pas que tu es le Sel de la terre **Matthieu 5 :13**, la création compte sur toi **Romains8 :19-21**. Non n'abandonnes jamais, n'abandonnes pas ton but le Seigneur a les yeux rivés sur toi, tu es son ambassadeur. Même si le triomphe n'est pas encore là, même si le but semble ne pas être encore atteint ne jamais s'avouer vaincu quoiqu'il advienne car JESUS est avec toi il ne s'est pas avoué vaincu, il est sorti vainqueur à la croix pour toi et moi.

N'abandonnes jamais, même quand tout semble perdu car c'est alors que tu dois être plus fort c'est sûrement là, où tu comptes abandonner que juste là se trouve le bonheur. CHRIST nous a montré l'exemple en sortant vainqueur de toutes les épreuves qui lui ont fait face: vainqueur dans les tentations ***Matt 4:3-10;*** vainqueur dans ses miracles ***Matt 15:30-31.*** *Et il demeure vainqueur éternellement Il a vaincu même la mort et lui a ravi les clefs de la mort et du séjour des morts*; **Apocalyce1 :18.** Non n'abandonnes pas quoiqu'il en sera de la vie, peu importe ses revers n'abandonnes pas. Christ s'est fait pauvre de riche qu'il était afin que par sa pauvreté toi et moi soyons enrichis, il s'est humilié afin que nous soyons élevés, il nous a montré le chemin de la victoire et un exemple par excellence de la persévérance.

Comme moi Confesses ces paroles car la vie et la mort sont au pouvoir de la langue, confesses les car dans ma détresse, dans les moments compliqués de ma vie je rassure mon âme avec ces paroles, avec ce genre de paroles ceux-ci excitent non seulement ma foi, mais aussi elles sèment la détermination et l'assurance pendant ma persévérance. Confesses ces paroles comme moi : non! Je n'abandonnerai pas, je mettrai mon espoir en ce Dieu vivant. Car par sa grâce j'irai jusqu'au bout, j'atteindrai mon but je vivrai et je manifesterai sa gloire. Grâce à lui quand je suis faible c'est alors que je me sens plus fort car je ressens sa puissance se manifester dans ma faiblesse ; il donne la vie là où il y a la mort. Ses bontés ne sont pas épuisées, il agira aussi dans ma vie comme il a fait pour ces hommes de foi mentionnés dans sa parole, il est le même il ne change pas je crois en sa parole, je crois qu'il est fidèle pour agir dans ma vie afin que j'atteigne le but fixé. Je n'abandonnerai pas je marcherai selon son Esprit et j'abandonnerai plutôt les choses de la chair car elles sont vaines et vaniteuses alors que, les choses de l'Esprit sont éternelles. Après avoir confessé ces paroles, persévères en espérant en lui.

En ce qui me concerne, je ne l'abandonnerai pas, jamais je ne resterai pas assis à cette station de l'échec de la vie, cette vie qui n'est que le contraire de la véritable vie promis par notre Dieu. Je ferai de l'éternel mes délices, et de Jésus mon meilleur compagnon et ami, j'accomplirai le but qu'il attend de moi ceci pour sa seule gloire et parce qu'il est un bon père, il me donnera tout ce que mon cœur désir, je suis et je serai héritier du Dieu vivant et cohéritier avec Christ, car je sais et j'ai la ferme conviction qu'il est Fidèle dans ses promesses, je serai toujours disposé à attendre ses promesses peu importe la durée; ce qui est sûr cela s'accomplira car lorsque sa parole est prononcée, elle ne retourne jamais à lui sans qu'elle n'est accomplie ce pour quoi elle est sortie, **Esaïe 55 :11.**

Oui! Ce qu'il a dit à ton sujet et à mon sujet s'accomplira, seuls ses desseins tracés pour notre vie s'accompliront au nom suprême de JESUS si et seulement si tu crois en lui comme moi.

Ne jamais avoir peur de l'adversaire aussi fort soit-il, car nous sommes des dieux et comme nous le sommes depuis la création, l'Eternel nous a donné toute autorité ***Genèse 1:26 .*** CHRIST est venu réitérer l'autorité qui nous avait été donnée avant la déchéance de l'homme par le péché. Il nous a donné cet autorité par sa mort à la croix et par sa résurrection ; il a sanctifié et purifié ce temple du Dieu vivant que nous sommes ***1corinthiens 3:16-17***, quoiqu'il en soit frère ne recules devant rien, que rien ne t'ébranles car l'Eternel Dieu te dit : *« Ne t'ai-je pas donné cet ordre: Fortifie-toi et prends courage? Ne t'effraie point et ne t'épouvante point, car l'Éternel, ton Dieu, est avec toi dans tout ce que tu entreprendras.* »**Josué1 :9.** De même, il te dit encore : « *Ne tremble pas en leur présence, de peur que je ne te fasse trembler devant eux* » **Jérémie 1 :17**.

Donc dans ta détermination ne crains rien, ne recules face à rien car il est là et nous avons reçu de lui un pouvoir et celui-ci nous permet de marcher sur les serpents et les scorpions et toute la Puissance de l'ennemi et rien ne peut nous nuire, que rien de ce monde ne t'effraie car CHRIST l'a déjà vaincu et nous l'avons aussi vaincu car ce qui est en nous est plus fort que ce qui gouverne ce monde ***1Jean4:4.*** Tout pouvoir a été donné au Seigneur JESUS-CHRIST, l'agneau immolé, le rejeton de David il dit: « *tout pouvoir m'a été donné dans le ciel et sur la terre... voici je suis avec vous jusqu'à la fin du monde* »**Matthieu28 :18-20.** Oh!! Frère, ne Recules devant rien, sois courageux, n'est pas peur car la peur anéanti le potentiel, elle mine l'enthousiasme et elle décourage l'initiative, saches que le diable se nourrie de la peur, il aime quand on a peur. Dit non à toute forme de peur et par le nom JESUS affronte tout obstacle.

Grâce soit rendue à Dieu qui nous donne victoire par notre glorieux Seigneur JESUS-CHRIST, en ce qui me concerne : je ne reculerai pas j'avancerai car le bonheur se trouve devant en JESUS-CHRIST et nul part ailleurs, parce que j'ai confiance en lui et parce qu'il est mon berger il me conduira dans de verts pâturages.

Crois davantage en JESUS car il veut te conduire, son désir est de cheminer avec toi et te pousser vers l'avant, afin que tu aies accès à ton but et à l'héritage qu'il a promis à quiconque croit en lui, il nous a préparé une place auprès de lui car sa gloire est éternelle. Donc, il ne t'aide pas seulement à atteindre ton but mais aussi il t'offre le salut et sa gloire.

Gloire soit rendue au Dieu des dieux, au Dieu qui contrôle toutes choses puisse-t-il te fortifier et te conduire dans sa félicité. Que seule sa volonté soit faite dans ta vie.

Continues à croire en JESUS et il t'aidera dans ta détermination et ta persévérance.

Vème COMPLEMENT

AMOUR ET PENSEE POSITIVE

La véritable vérité est que si la création existe jusqu'à nos jours, c'est dû au fondamental qui est l'Amour car ***Dieu a tant aime le monde qu'il a donné son fils unique afin que quiconque croit en lui ne périsse point mais qu'il ait la vie, la vie éternel*** **Jean3:16**, ***l'Amour demeure éternel*** **1corinthiens 13:13**. Aie de l'Amour pour ton prochain consume toute forme d'hypocrisie et de rancune, rejettes toute sorte de calomnie en toi ; mais cultives en toi l'amour car en aimant les autres tu accomplis ainsi une parole de l'écriture et la bénédiction qui s'y attache sera ton partage. L'amour est une ordonnance de l'écriture.

Aimes-toi toi-même et ne sois pas affligé si personne ne t'aime, saches que JESUS t'aime d'un Amour éternel, même si personne ne veut de toi ne l'oublies jamais JESUS voudra toujours de toi. Aie toujours cette pensée en toi et en ton cœur quand même tu seras seul et abandonné, JESUS et toi vous constituerez la majorité absolue, aimes-toi toi-même et ne te négliges pas, aimes ce que tu fais, appliques toi à ce que tu fais, contentes toi de ce que tu as et rassures toi que tout cela glorifie le Dieu d'Amour.

Tu ne peux pas atteindre ton but si tu n'éprouves pas de l'amour à l'égard de celui-ci car un homme ne peut être déterminé à épouser une femme s'il ne l'aime au préalable. Il en est de même. Tu ne peux pas être déterminé à atteindre ton but si au préalable tu n'aimes pas celui qui conduit à l'atteinte du but c'est-à-dire JESUS. *Car Il y a dans le cœur de l'homme beaucoup de projets, Mais c'est le dessein de l'Éternel qui s'accomplit.* **Proverbes 19 :21.**

Donc ton amour à son égard t'aidera à mettre en application ses ordonnances ce qui te conduira jusqu'au but car il dit : « *Si vous m'aimez, gardez mes commandements.* » puis « *Celui qui a mes commandements et qui les garde, c'est celui qui m'aime; et celui qui m'aime sera aimé de mon Père, je l'aimerai, et je me ferai connaître à lui.* » et par la suite il dit : « *Si vous demeurez en moi, et que mes paroles demeurent en vous, demandez ce que vous voudrez, et cela vous sera accordé* ». **Jean 15 :7**

Donc l'amour conduit à l'obéissance, et elle donne ce qui est bon pour tous ; ceci dit, si tu lui démontres ton amour en obéissant à ses commandements tout en les pratiquant lui aussi à ton égard te démontrera davantage son amour et te donnera ce que tu lui demanderas, en tant qu'enfant de Dieu nous sommes appelés à manifester ce genre d'amour à l'égard de nos semblables cet amour que nous recevons du père ceci afin que nous soyons des personnes de distinction : des références et des modèles.

L'amour donne car « *celui qui donne s'enrichi* » or, c'est en démontrant son amour par le donné qu'on obtient même sans demander. L'amour défie la raison et rend perplexe les insensés. Bien plus « *Celui qui couvre une faute cherche l'amour* » **Proverbes 17 :9**. Le Seigneur offre L'amour comme essence de la vie, et dont tout Homme devrait s'y ressourcer et celle-ci deviendra pour lui un moteur d'épanouissement de sa personne. La vie a plein de revers mais l'amour couvre une multitude de fautes **Proverbes10 :12**.

Au-delà de toute chose ***« Quand tu parleras les langues des hommes et des anges, si tu n'as pas l'amour, tu es un airain qui résonne, ou une cymbale qui retentit. 2 Et quand tu auras le don de prophétie, la science de tous les mystères et toute la connaissance, quand tu auras même toute la foi jusqu'à transporter des montagnes, si tu n'as pas l'amour, tu n'es rien. 3 Et quand tu distribueras tous tes biens pour la nourriture des pauvres, quand tu livreras même ton corps pour être brûlé, si tu n'as pas l'amour, cela ne te sers de rien. 4 l'amour est patiente, elle est pleine de bonté; l'amour n'est point envieuse; l'amour ne se vante point, elle ne s'enfle point d'orgueil, 5 elle ne fait rien de malhonnête, elle ne cherche point son intérêt, elle ne s'irrite point, elle ne soupçonne point le mal, 6 elle ne se réjouit point de l'injustice, mais elle se réjouit de la vérité; 7 elle excuse tout, elle croit tout, elle espère tout, elle supporte tout. 8 L'amour ne périt jamais... la plus grande de ces choses, c'est l'amour. »*** **1Corinthiens 13 :1-8, 13**.

Un autre père de la foi nous enseigne aussi sur l'amour en disant : ***« 7 Bien-aimés, aimons nous les uns les autres; car l'amour est de Dieu, et quiconque aime est né de Dieu et connaît Dieu. 8 Celui qui n'aime pas n'a pas connu Dieu, car Dieu est amour. 9 L'amour de Dieu a été manifesté envers nous en ce que Dieu a envoyé son Fils unique dans le monde, afin que nous vivions par lui. 10 Et cet amour consiste, non point en ce que nous avons aimé Dieu, mais en ce qu'il nous a aimés et a envoyé son Fils comme victime expiatoire pour nos péchés. 11 Bien-aimés, si Dieu nous a ainsi aimés, nous devons aussi nous aimer les uns les autres. 12 Personne n'a jamais vu Dieu; si nous nous aimons les uns les autres, Dieu demeure en nous, et son amour est parfait en nous. 13 Nous connaissons que nous demeurons en lui, et qu'il demeure en nous, en ce qu'il nous a donné de son Esprit. 14 Et nous, nous avons vu et nous attestons que le Père a envoyé le Fils comme Sauveur du monde. 15 Celui qui confessera que Jésus est le Fils de Dieu, Dieu demeure en lui, et lui en Dieu. 16 Et nous, nous avons connu l'amour que Dieu a pour nous, et nous y avons cru. Dieu est amour; et celui qui demeure dans l'amour demeure en Dieu, et Dieu demeure en lui. 17 Tel il est, tels nous sommes aussi dans ce monde: c'est en cela que l'amour est parfait en nous, afin que nous ayons de l'assurance au jour du jugement. 18 La crainte n'est pas dans l'amour, mais l'amour parfait bannit la crainte; car la crainte suppose un châtiment, et celui qui craint n'est pas parfait dans l'amour. 19 Pour nous, nous l'aimons, parce qu'il nous a aimés le premier. 20 Si quelqu'un dit: J'aime Dieu, et qu'il haïsse son frère, c'est un menteur; car celui qui n'aime pas son frère qu'il voit, comment peut-il aimer Dieu qu'il ne voit pas? 21 Et nous avons de lui ce commandement: que celui qui aime Dieu aime aussi son frère. »*** **1Jean4 :7-21.**

Le Seigneur déclare encore : « *Si vous gardez mes commandements, vous demeurerez dans mon amour, de même que j'ai gardé les commandements de mon Père, et que je demeure dans son amour.* » **Jean 14 :15, Jean15:10**

« Nos meilleurs et nos pires ennemis sont nos pensées. » déclare un contemporain. Une pensée peut te faire du bien comme elle peut te détruire, la pensée et la foi sont intimement liées. La pensée que les gens auront de toi n'aura d'effet sur toi que si et seulement si tu crois à cela, l'effet et l'impact qu'auront une pensée sur toi est celle que tu penseras de toi-même non pas celle que les gens diront de toi mais ce que toi tu penses de ce qu'ils disent de toi. *Bien-aimé que tout ce qui est vrai, tout ce qui est honorable, tout ce qui est juste, tout ce qui est pure, tout ce qui est aimable, tout ce qui mérite l'approbation, ce qui est vertueux et digne de louange, soit l'objet de tes pensées.* **Phillipiens 4:8**. Si tu n'aimes pas où tu te trouves imagines toi où tu voudrais être ; frère aie du cœur: penses grand et sois grand.

Pensée juste. Un calme olympien, une confiance inébranlable en JESUS-CHRIST produit cœur paisible, rassuré et plein d'amour. Par conséquent nos pensées sont saines sans condamnation et optimiste pleine de sagesse, chose qui est agréable à Dieu. « Dis-moi, ce à quoi tu penses je te dirai qui tu seras, car tel un homme pense tel il est » .Bien aimé penses à l'essentiel, l'essentiel c'est JESUS. ***« Tout m'est permis, mais tout n'est pas utile; tout m'est permis, je ne me laisserai asservir par quoi que ce soit »*** **1Corinthiens 6:12**.

Puisque tes pensées sont sur l'essentiel qui est JESUS et en JESUS, alors c'est lui qui te fera triompher et atteindre ton but et parce qu'il est l'origine de tes pensées alors tout est permis et parce que tout est permis alors tu ne devras pas te rendre esclave de tout mais, esclave de ce JESUS l'essentiel de ta vie. Tu te dois de proclamer et célébrer son nom car il est bon. La pensée et la foi sont étroitement liées et le cœur en est le domaine. La foi donne naissance au fruit de la pensée c'est pour quoi fais attention à ce à quoi tu penses car la foi attire et **emmène à l'existence ce qui n'existe pas**. Les pensées que les autres auront de toi n'auront d'effet sur toi que si et seulement si tu acceptes ce qu'ils disent de toi.

Je me souviens de ce qu'on avait pour coutume de me dire : **« je ne suis qu'un vaut rien »** ayant conçus et accepté ces paroles en moi, voici aux files des années non seulement je manquais de confiance en moi mais aussi je me comportais en **''vaut rien''** et croyant que je ne valais rien effectivement rien. Jusqu'à ce que ce JESUS que j'aime t'en m'interpelle et me démontre le contraire en me faisant comprendre que non seulement j'ai du prix à ses yeux mais aussi que je suis une pierre précieuse, il m'a transformé en m'emmenant à changer non seulement ma manière de penser et aussi à changer toute ma vie, à changer la personne que je prétendais être alors que je ne l'étais pas. Il a fait de moi une nouvelle créature et toutes ces personnes qui me traitaient ainsi viennent constamment se jeter à mes pieds pour demander mon soutien. Par Amour je le leur accorde car c'est cela que mon Dieu me demande de faire, d'aimer ceux qui me persécutent, d'aimer mes ennemis, de bénir ceux qui me maudissent, de faire du bien à ceux qui me haïssent, et de prier pour ceux qui me maltraitent. **Matthieu 5 :44.**

Pour être vainqueur, victorieux et réussissant dans tous ses entreprises, pour avoir la pensée du vainqueur en JESUS afin de lui être agréable, il est aussi important de laisser le Consolateur pensé pour nous, laisser l'Esprit de Dieu, l'Esprit Saint prendre le contrôle car il est dit du Saint Esprit qu'il nous conduira dans toute la vérité, qu'il nous enseignera toute chose et il rendra témoignage au Saint des saints JESUS-CHRIST de Nazareth **Jean 16 :13-14.** Et de même l'Eternel déclare: ***« vos pensées ne sont pas mes pensées, vos voies ne sont pas mes voies »*** **Esaïe55 :8** Donc afin d'hériter de la promesse de Dieu, et vu que nous n'avons pas les mêmes pensées que lui, il est donc impératif de laisser le contrôle à son Esprit qui habite en nous; le bien heureux nous conduira avec les pensées justes, fixées sur l'essentiel.

De même que JEHOVA nous donne ce qui nous est utile et non ce qui nous est agréable, de même nous devons avoir les pensées fixées sur l'utile et non l'agréable ce que fera son Esprit en nous.

Bien qu'ayant les pensées positives, tu ne parviens pas au but selon qu'il est dit dans **Romains7:19** **« *car je ne fais pas le bien que je veux, et je fais le mal que je ne veux pas* »** oui! Frère ceci est dû au fait que tu es encore charnel **Romains 7:14** « ***nous savons en effet, que la loi est Spirituelle***; ***mais moi je suis charnel vendu au pêché.* »** les pensées de l'Esprit brisent toutes sortes de joug de la chair et propulsent l'âme et l'être tout entier vers la concrétisation de l'abstrait. Ne sois plus un simple religieux chrétien mais montes au grade de vrai Adorateur car l'Eternel cherche, il a et il aime les vrais Adorateurs, ceux-là qui l'adorent en esprit et en vérité : **Jean4 :23**. Frère gardes ton cœur en bon état afin d'avoir de bonnes pensées. ***« Ne vous inquiétez de rien; mais en toute chose faites connaître vos besoins à Dieu par des prières et des supplications, avec des actions de grâces. Et la paix de Dieu, qui surpasse toute intelligence, gardera vos cœurs et vos pensées en Jésus-Christ. Philipien4 :6-7***

« Ce que je crains, c'est ce qui m'arrive; ce que je redoute, c'est ce qui m'atteint » **Job 3:25**

Ne laisses plus les pensées négatives semer de la crainte en toi, ne laisses plus ton cœur concevoir des pensées qui t'emmèneront à redouter le malheur mais laisses l'amour de Dieu agir en toi car son amour bannit toutes craintes en nous **1Jean4 : 18**

Que le Dieu de Paix et d'Amour te bénisse abondement au nom puissant de JESUS !!!!!

« ...Dieu l'a souverainement élevé ; et lui a donné le nom qui est au-dessus de tout nom, afin qu'au nom de JESUS tout genou fléchisse dans les cieux, sur la terre, et sous la terre, et que toute langue confesse que JESUS-CHRIST est Seigneur, à la gloire de Dieu le père. »

Philipiens 2 : 9-11

DONNES TON COEUR AU SEIGNEUR JÉSUS-CHRIST

Si au travers des lignes de ce livre, tu as été bénis et tu trouves bon de croire au Seigneur JESUS-CHRIST et de le recevoir comme Seigneur et Sauveur de ta vie, à t'engager, à marcher selon ses recommandations, de devenir enfant de Dieu, les paroles ci-après t'aideront à y parvenir. Car il est écrit : « *Mais à tous ceux qui l'ont reçue, à ceux qui croient en son nom, elle a donné le pouvoir de devenir enfants de Dieu,* »**Jean1 :12**.

Plus que le salut de ton âme est le plus important il faut confesser ta foi en JESUS car il est dit dans **Romains10 :9-10«** Si tu confesses de ta bouche le Seigneur JESUS, et si tu crois dans ton cœur que Dieu l'a ressuscité des morts, tu seras sauvé. Car c'est en croyant du cœur qu'on parvient à la justice, et c'est en confessant de la bouche qu'on parvient au salut, selon ce que dit l'Écriture». La parole de Dieu déclare aussi dans **Romains 3 :23** « tous ont pèché et sont privés de la gloire de Dieu » et aussi il est dit dans **Romains 6 :23**« le salaire du péché, c'est la mort; mais le don gratuit de Dieu, c'est la vie éternelle en JESUS-CHRIST notre Seigneur. » donc si tu demeures dans ton état sans avoir reçus et sans avoir fermement crus au Seigneur JESUS alors, tu ne recevras pas aussi le don gratuit de Dieu qui est la vie éternelle et ta place est réservée pour l'enfer.

Puisque le Salut s'obtient par la confession de la bouche et par la croyance du cœur **Romains10 :9-10.** Ainsi donc, les étapes suivantes t'aideront :

1) « Dieu se moque des moqueurs, mais il fait grâce aux humbles »**Proverbes3 : 34**; donc Disposes ton être tout entier humilies toi et confesses tes péchés au Seigneur tout en reconnaissant ton état de pécheur tout en lui disant que tu n'es qu'un pêcheur. Avoues lui tes transgressions car il a dit : « Celui qui cache ses transgressions ne prospère point, Mais celui qui les avoue et les délaisse obtient miséricorde. »**Proverbes 28 :13.**

Ayant ainsi confessé tes péchés avec sincérité de cœur, crois qu'il t'a pardonné. Maintenant confesses aussi ces paroles et crois dans ton cœur que le Seigneur t'écoute et que tu es entrain d'acquérir le Salut de ton âme :

2) Seigneur JESUS, je t'ouvre la porte de mon cœur je t'invite en moi vient demeurer en moi car :

- Je confesse et je crois que tu es Seigneur.
- Je confesse et je crois que tu es mort à la crois pour me laver de tous mes péchés et que le troisième jour tu es ressuscité des morts pour me justifier.
- Je confesse et crois que tu es vivant que tu es assis à la droite de Dieu le Père.
- Je confesse et crois que l'acte dont les ordonnances qui me condamnaient et qui subsistaient contre moi tu l'as effacé et tu l'as détruit en le clouant à la croix.

Seigneur JESUS, c'est sur la base de ta parole que je déclare solennellement AMEN !!!

Bien-aimé crois seulement car c'est par la grâce que nous sommes sauvés au moyen de la foi **Ephésiens 2 :9,** donc crois que tu es devenu enfant de Dieu et que tu es sauvé marche selon ses commandements.

JESUS te dit en ce jour : « Demeures en ma présence et ne pratiques plus le péché car Quiconque est né de Dieu ne pratique pas le péché, parce que la semence de Dieu demeure en lui; et il ne peut pécher, parce qu'il est né de Dieu.» **1Jean3 :9**

Table des Matières

Printed by Books on Demand GmbH, Norderstedt / Germany